20
Jahre
Zwergenstübchen

20 Jahre
Zwergenstübchen
Dieses Buch
gehört:

# Zwergenstübchen

Zwergenstübchen

# BACKBUCH

Kaufmann Verlag

Kaum zu glauben, aber wahr –
das Zwergenstübchen wird 20 Jahr'.

Damals entschloss sich die Zwergenschar ein ganz besonderes Backbuch zu schreiben. Gesagt, getan und entstanden ist das erste Zwergenstübchen-Backbuch. Diesem folgte bis heute eine ganze Reihe wunderschöner Zwergenstübchen-Bücher. Danke, liebe Zwergen-Freunde, für die vielen Jahre der Treue – Sie allein haben es uns ermöglicht so viele herrliche Zwergen-Bücher zu schreiben, zu illustrieren, zu fotografieren. Unser Dankeschön an Sie ist nun unser allererstes Backbuch, neu geschrieben, mit neuen Illustrations-Geschichten versehen und extra zum 20-jährigen Jubiläum neu aufgelegt. Natürlich, wie könnte es auch anders sein, dreht sich im neuen Backbuch alles um den 20. Geburtstag des Zwergenstübchens. Feiern und backen Sie kräftig mit und freuen Sie sich auf viele weitere Zwergenstübchen-Bücher.

Liebe Grüße aus der Zwergen-Backstube
Elke und Timo Schuster

# ZWERGENKÜSSCHEN-TORTE

Zutaten:

Teig:

3 Eigelb
3 Esslöffel lauwarmes Wasser
100 g Puderzucker
1 Päckchen Vanillezucker
3 Eiweiß
50 g Mehl
50 g Speisestärke
1/2 Teelöffel Backpulver

Belag:

12 große „Zwergenküsse“
250 g Speisequark
1 Esslöffel Zucker
1 Esslöffel Zitronensaft
1 Becher süße Sahne
1 Päckchen Sahnesteif
8 kleine „Zwergenküsschen“

Zubereitung:

Alle Teigzutaten zu einem Biskuit verarbeiten, ca. 20 Minuten backen. Von den „Zwergenküssen“ die Waffelböden abschneiden. Die Schaummasse zerdrücken, Quark, Zucker, Zitronensaft einrühren, sowie die mit Sahnesteif geschlagene Sahne unterziehen. Diese Creme gleichmäßig auf dem Tortenboden verteilen, mit halbierten „Zwergenküsschen“ verzieren, kaltstellen.

# ZWERGENSTÜBCHENS GEBURTSTAGS-TORTE

Zutaten:

Teig:

6 Eigelb
6 Esslöffel lauwarmes Wasser
200 g Zucker
1 Päckchen Vanillezucker
100 g gemahlene Haselnüsse
100 g geraspelte Zartbitter-Schokolade
6 Eiweiß
50 g Mehl
50 g Speisestärke
1 Teelöffel Backpulver
1 Esslöffel Kakao

Belag:

1 Päckchen Vanille-Puddingpulver
500 ml Milch
2 Esslöffel Zucker
2 Becher süße Sahne
1 Esslöffel Zucker
1 Päckchen Vanillezucker
2 Päckchen Sahnesteif
1 Esslöffel Kakao

Zubereitung:

Eigelb, Wasser, Zucker, Vanillezucker cremig rühren. Haselnüsse und Schokolade leicht einrühren, steif geschlagenes Eiweiß darauf geben. Das mit Speisestärke, Backpulver und Kakao vermischte Mehl darüber sieben und vorsichtig unterheben.

Den Teig in eine mit Back-Trennpapier ausgelegte Springform füllen. Im vorgeheizten Backofen bei 175 Grad ca. 45 Minuten backen. Den Biskuit nach dem Auskühlen einmal in der Mitte quer durchschneiden, einen Tortenring um den Boden legen.

Für den Belag einen Pudding nach Packungsanweisung zubereiten, leicht abkühlen lassen, danach gleichmäßig auf dem Tortenboden verteilen, mit dem zweiten Boden abdecken und kaltstellen. Anschließend Sahne, Zucker, Vanillezucker, Sahnesteif schlagen und den Kakao einrühren. Nun die Torte mit der Sahne überziehen und beliebig verzieren.

# MARMORKUCHEN

Zutaten:
300 g Butter
200 g Zucker
5 Eier
200 g Mehl
100 g Speisestärke
1 Päckchen Backpulver
2 Esslöffel Kakao
1 Esslöffel Zucker
3 Esslöffel Milch

Zubereitung:
Aus Butter, Zucker, Eier, Mehl, Speisestärke und Backpulver einen Rührteig herstellen. Kakao, Zucker, Milch verrühren und mit etwa 1/3 der Teigmasse vermischen.

Die Hälfte des hellen Teiges in eine gefettete mit Semmelbrösel ausgestreute Gugelhupfform füllen, darauf dunklen, zum Schluss restlichen hellen Teig geben. Für die Marmorierung den Teig mit einer Gabel durchziehen. Im vorgeheizten Backofen bei 175 Grad ca. 60 Minuten backen. Über den erkalteten Kuchen Puderzucker stäuben oder mit Schokoglasur verzieren.

## Limonade-Kuchen



Zutaten:

4 Eier, 2 Tassen Zucker,
1 Päckchen Vanillezucker, 1 Tasse Öl,
3 Tassen Mehl, 1 Päckchen Backpulver,
1 Tasse Orangen-Limonade

Zubereitung:

Eier, Zucker und Vanillezucker schaumig schlagen.
Unter Rühren das Öl zufügen.
Nach und nach das mit Backpulver vermischte Mehl
sowie die Limonade einrühren.
Den Teig in eine gefettete Kastenform geben
und im vorgeheizten Backofen
bei 180 Grad ca. 45 Minuten backen.

KLAR
schnell

# KIWI-TORTE

Zutaten:
250 g Löffelbiskuits
150 g Butter
1 Päckchen Zitronen-Götterspeise
150 ml kaltes Wasser
200 g Frischkäse
1 Zitrone
100 g Zucker
1 Päckchen Vanillezucker
2 Becher süße Sahne
einige Kiwis

Zubereitung:
Fein zerbröselte Löffelbiskuits (2 Stück zurückbehalten) mit der zuvor geschmolzenen, leicht abgekühlten Butter vermischen und als Boden in eine gefettete Springform geben, fest andrücken.

Die Götterspeise mit Wasser anrühren, diese 10 Minuten quellen lassen, anschließend unter Rühren erhitzen, danach abkühlen lassen. Frischkäse, Saft einer Zitrone, Zucker, Vanillezucker und die Götterspeise gut verrühren, steif geschlagene Sahne unterziehen.

Die Creme auf dem Boden verteilen, einige Stunden kaltstellen. Restliche Löffelbiskuits zerbröseln, über die Torte streuen und mit Kiwischeiben belegen.

# Ananas-Kuchen

## Zutaten:

250 g Butter, 2 Tassen Zucker, 1 Päckchen Vanillezucker, 4 Eier,
4 Tassen Mehl, 1 Päckchen Backpulver,
1 Tasse Ananassaft, 2 Dosen Ananas-Scheiben

## Zubereitung:

Butter im Wasserbad schmelzen lassen.
Unter Rühren nach und nach Zucker, Vanillezucker, Eier, Mehl, Backpulver und Ananassaft zufügen, zu einer cremigen Masse schlagen.
Den Teig auf ein mit Back-Trennpapier ausgelegtes Backblech gleichmäßig verstreichen und mit den Ananas-Scheiben belegen.
Im vorgeheizten Backofen bei 200 Grad ca. 20 Minuten backen.

# SCHOKO-KUCHEN

Zutaten:
150 g Butter
200 g Zucker
1 Päckchen Vanillezucker
1 Prise Salz
6 Eigelb
200 g Vollmilch-Schokolade
125 g gemahlene Mandeln
125 g gemahlener Zwieback
1 Teelöffel Backpulver
6 Eiweiß
200 g Puderzucker
1 Päckchen Vanillezucker
3 Esslöffel Wasser

Zubereitung:
Butter, Zucker, Vanillezucker, Salz und Eigelb schaumig schlagen. Die geschmolzene, abgekühlte Schokolade dazugeben. Mandeln, Zwieback und Backpulver einrühren. Das steif geschlagene Eiweiß unterziehen. Den Teig in eine gefettete Springform füllen und im vorgeheizten Backofen bei 175 Grad ca. 60 Minuten backen. Puderzucker, Vanillezucker mit Wasser gut verrühren, die Glasur über den Kuchen geben.

# MANDARINCHEN

**Zutaten:**

Teig:
- 200 g Mehl
- 1 Teelöffel Backpulver
- 75 g Zucker
- 1 Päckchen Vanillezucker
- 1 Ei
- 75 g Butter

Belag:
- 500 g Magerquark
- 150 g Zucker
- 1 Päckchen Vanillezucker
- 2 Eier
- 1 Päckchen Vanille-Puddingpulver
- $^{1}/_{2}$ Tasse Öl
- $^{1}/_{2}$ Becher Crème fraîche
- 1 $^{1}/_{2}$ Tassen Milch
- 1 Dose Mandarinen

Zubereitung:
Aus den Teigzutaten einen Mürbteig herstellen. Für den Belag Quark, Zucker, Vanillezucker, Eier verrühren. Nach und nach Puddingpulver, Öl, Crème fraîche, Milch einrühren.

Den ausgewellten Teig in eine gefettete Kuchenform geben. Die flüssige Quarkmasse einfüllen und die Mandarinen darauf verteilen. Im vorgeheizten Backofen bei 180 Grad ca. 50 Minuten backen.

# ZWERGENSTÜBCHENS FRUCHTIGE SAHNETORTE

Zutaten:

Teig:
150 g Butter
140 g Zucker
3 Eier
50 g Mehl
1 Päckchen Backpulver
125 g gemahlene Haselnüsse
1 Teelöffel Zimt
2 Esslöffel Milch

Belag:
2 Becher süße Sahne
2 Päckchen Vanillezucker
2 Päckchen Sahnesteif
100 g geraspelte Schokolade
1 Dose Ananas-Stückchen

Zubereitung:
Teigzutaten zu einem Rührteig verarbeiten. Den Teig in eine gefettete mit Semmelbrösel ausgestreute Springform füllen. Im vorgeheizten Backofen bei 175 Grad ca. 35 Minuten backen. Für den Belag eine dünne obere Schicht des ausgekühlten Bodens abschneiden und zerkrümeln. Sahne mit Vanillezucker und Sahnesteif schlagen, die Krümel, Schokolade, abgetropfte Ananas-Stückchen einrühren. Die Masse auf dem Boden verteilen, kaltstellen und vor dem Servieren mit Ananas-Stückchen dekorieren.

# Schoko-Muffins

## Zutaten:

200 g Butter, 2 Tassen Zucker, 1 Päckchen Vanillezucker, 4 Eier,
3 Tassen Mehl, 1 Tasse Speisestärke, 2 Teelöffel Backpulver,
etwas süße Sahne, 100 g geraspelte Schokolade

## Zubereitung:

Aus den Zutaten einen Rührteig herstellen.
Zum Schluss die Schokolade unterziehen.
Den Teig in Papierbackförmchen füllen. Im vorgeheizten Backofen
bei 180 Grad ca. 20 Minuten backen.
Die ausgekühlten Schoko-Muffins glasieren oder mit Puderzucker bestäuben.

# KOKOS-TORTE

Zutaten:

Teig:

125 g Butter
125 g Zucker
1 Päckchen Vanillezucker
4 Eier
100 g Mehl
2 Teelöffel Backpulver
50 g Kokosraspel

Belag:

etwas Erdbeer-Marmelade
2–3 Bananen
3 Becher süße Sahne
2 Päckchen Vanillezucker
2 Päckchen Sahnesteif
14 Kokoskugeln

Zubereitung:
Aus Butter, Zucker, Vanillezucker, Eier, Mehl, Backpulver und den leicht gerösteten Kokosraspel einen Rührteig herstellen. Den Teig in eine gefettete Springform füllen, im vorgeheizten Backofen bei 175 Grad ca. 30 Minuten backen. Erdbeer-Marmelade kurz erwärmen, auf den ausgekühlten Boden streichen, mit Bananenscheiben belegen.

Sahne, Vanillezucker, Sahnesteif schlagen, sieben zerkleinerte Kokoskugeln untermischen. Mit der Kokos-Sahne den Boden überziehen und die restlichen halbierten Kokoskugeln als Dekoration anbringen.

## ZWERGEN-KIRSCHKUCHEN

Zutaten:
Teig:
200 g Mehl
1/2 Teelöffel Backpulver
70 g Zucker
1 Päckchen Vanillezucker
2 Eigelb
3 Esslöffel Crème fraîche
100 g Butter

Belag:
30 g gemahlene Haselnüsse
2 Gläser Kirschen
300 g Crème fraîche
100 g Zucker
1 Ei
1 Päckchen Vanille-Puddingpulver
1 Päckchen Vanillezucker

Zubereitung:
Aus den Teigzutaten einen Mürbteig herstellen. Den Teig auswellen, in eine gefettete Kuchenform legen. Haselnüsse auf den Teigboden streuen, die gut abgetropften Kirschen darüber verteilen. Crème fraîche, Zucker, Ei, Puddingpulver, Vanillezucker verrühren, über die Kirschen geben. Im vorgeheizten Backofen bei 175 Grad ca. 50 Minuten backen. Den erkalteten Kuchen mit Puderzucker bestäuben.

## BÖHMISCHER KIRSCHKUCHEN

Zutaten:
Teig:
200 g Butter
175 g Zucker
1 Päckchen Vanillezucker
3 Eier
200 g Mehl
1 Teelöffel Backpulver
1 Teelöffel Zimt
2 Esslöffel Milch

Belag:
2 Gläser Kirschen
2 Esslöffel Zucker
2 Esslöffel gehackte Mandeln

Zubereitung:
Aus den Teigzutaten einen Rührteig herstellen. Den Teig in eine gefettete mit Semmelbrösel ausgestreute Springform füllen, die gut abgetropften Kirschen darauf verteilen. Im vorgeheizten Backofen bei 175 Grad ca. 50 Minuten backen. 10 Minuten vor Backende die mit Zucker vermischten Mandeln darüber streuen.

MEHL
Creme fraiche
Creme fraiche
Vanille zucker
Vanille pudding
Haselnüsse gemahlen
Back pulver
Zimt
Puderzucker
Zucker
gehackte Mandeln

# HANSEN-JENSEN-TORTE

Zutaten:

Teig:
100 g Butter
100 g Zucker
1 Päckchen Vanillezucker
4 Eigelb
125 g Mehl
1/2 Päckchen Backpulver
2 Esslöffel Milch

Baisermasse:
4 Eiweiß
150 g Zucker
80 g Mandelblättchen

Füllung:
1 Glas Sauerkirschen
(Saft aufheben)
2 Päckchen roter Tortenguss
2 Becher süße Sahne
1 Päckchen Vanillezucker
2 Päckchen Sahnesteif

Zubereitung:

Aus den Teigzutaten einen Rührteig herstellen, diesen zu gleichen Teilen in zwei gleichgroße, gefettete Springformen geben und im vorgeheizten Backofen bei 180 Grad ca. 10 Minuten vorbacken.

Das Eiweiß steif schlagen, den Zucker gut einrühren und auf beiden Böden gleichmäßig verteilen, Mandelblättchen darüber streuen und in weiteren ca. 15 Minuten fertig backen.

Einen Boden gleich in 12 Tortenstückchen schneiden. Um den anderen ausgekühlten Boden einen Tortenring legen. Den Tortenguss mit dem Saft der Kirschen aufkochen, Kirschen untermischen und abgekühlt auf den Boden geben, kaltstellen. Zum Schluss die mit Vanillezucker und Sahnesteif geschlagene Sahne über die Kirschen streichen und die Tortenstückchen darauf legen.

# FRANKFURTER KRANZ

Zutaten:

Teig:

150 g Butter
150 g Zucker
1 Päckchen Vanillezucker
5 Eier
250 g Mehl
70 g Speisestärke
1 Päckchen Backpulver
4 Esslöffel Milch

Creme:

1 Päckchen Vanille-Puddingpulver
500 ml Milch
100 g Zucker
250 g Butter

125 g Krokantstreusel
1 Becher süße Sahne
1 Päckchen Vanillezucker
1 Päckchen Sahnesteif
12 Belegkirschen

Zubereitung:
Aus den Teigzutaten einen Rührteig herstellen, diesen in eine gefettete Kranzform geben und im vorgeheizten Backofen bei 175 Grad ca. 60 Minuten backen. Für die Creme einen Pudding nach Packungsanweisung zubereiten, abkühlen lassen. Butter schaumig schlagen, löffelweise Pudding einrühren. Den ausgekühlten Kranz zweimal quer durchschneiden. Creme auf den unteren Boden streichen, darüber den zweiten Boden legen, ebenso bestreichen, den letzten Boden aufsetzen.

Mit der restlichen Creme den Kranz überziehen, die Krokantstreusel darauf verteilen. Sahne, Vanillezucker, Sahnesteif schlagen, 12 Rosetten auf den Frankfurter Kranz spritzen und Kirschen dekorativ anbringen.

## DONAUWELLEN

Zutaten:

250 g Butter
200 g Zucker
1 Päckchen Vanillezucker
6 Eier
350 g Mehl
1/2 Päckchen Backpulver
2 Esslöffel Kakao
2 Gläser Sauerkirschen
2 Päckchen Vanille-
Puddingpulver
750 ml Milch
100 g Zucker
250 g Butter
300 g Kuvertüre

Zubereitung:

Aus Butter, Zucker, Vanillezucker, Eier, Mehl und Backpulver einen Rührteig herstellen. Ca. $^{1}/_{3}$ des Teiges mit dem Kakao verrühren. Den hellen Teig auf ein gefettetes Backblech streichen, darüber den dunklen Teig geben. Anschließend mit einer Gabel Wellen durch den Teig ziehen, die gut abgetropften Kirschen darauf verteilen. Im vorgeheizten Backofen bei 175 Grad ca. 40 Minuten backen.

Pudding mit Milch und Zucker nach Packungsanweisung zubereiten, abkühlen lassen. Butter schaumig schlagen, löffelweise Pudding einrühren. Die Creme auf den erkalteten Kuchen geben und mit der im Wasserbad geschmolzenen Kuvertüre überziehen.

# LINZERTORTE

Zutaten:

250 g Mehl
1 Teelöffel Backpulver
250 g gemahlene Mandeln
250 g Zucker
1 Päckchen Vanillezucker
2 Eier
1 Teelöffel Zimt
1 Messerspitze Nelken
1 Esslöffel Kakao
250 g Butter

250 g Marmelade

Zubereitung:

Aus den Teigzutaten einen Mürbteig herstellen. Ca. $^{3}/_{4}$ des Teiges auswellen, in eine gefettete Springform geben. Die Marmelade auf dem Boden verteilen und den restlichen ausgewellten, in Streifen geschnittenen Teig gitterförmig darüber legen. Im vorgeheizten Backofen bei 175 Grad ca. 45 Minuten backen.

# NUSS-TÖRTCHEN

Zutaten:

200 g Butter
200 g Zucker
1 Päckchen Vanillezucker
4 Eier
175 g Mehl
70 g Speisestärke
2 Teelöffel Backpulver
1/2 Becher süße Sahne
50 g gemahlene Haselnüsse

Zubereitung:

Aus den Zutaten einen Rührteig herstellen. Zum Schluss die Haselnüsse unterziehen. Den Teig in Papierbackförmchen füllen. Im vorgeheizten Backofen bei 180 Grad ca. 20 Minuten backen. Die ausgekühlten Nuss-Törtchen glasieren oder mit Puderzucker bestäuben.

# Zitronen-Kuchen

Zutaten:

350 g Butter, 350 g Zucker, 1 Päckchen Vanillezucker,
6 Eier, 350 g Mehl, 1 Päckchen Backpulver,
2 Zitronen, 250 g Puderzucker

Zubereitung:

Butter, Zucker, Vanillezucker, Eier, Mehl, Backpulver und die abgeriebene Schale der Zitronen zu einem Rührteig verarbeiten. Den Teig auf ein gefettetes Backblech geben und im vorgeheizten Backofen bei 200 Grad ca. 25 Minuten backen. Puderzucker mit 5 Esslöffel Zitronensaft glatt rühren und über den warmen Kuchen streichen.

# ERDBEER-JOGHURT-TORTE

Zutaten:

Teig:

3 Eigelb
3 Esslöffel lauwarmes Wasser
100 g Puderzucker
1 Päckchen Vanillezucker
3 Eiweiß
50 g Mehl
50 g Speisestärke
1/2 Teelöffel Backpulver

Belag:

500 g Erdbeeren
125 g Zucker
2 Becher Erdbeerjoghurt
12 Blatt Gelatine
2 Becher süße Sahne
2 Päckchen Vanillezucker

Zubereitung:

Aus den Teigzutaten einen Biskuit herstellen, ca. 20 Minuten backen. Erdbeeren mit Zucker pürieren, Erdbeerjoghurt sowie die nach Packungsanweisung aufgelöste Gelatine einrühren. Sahne und Vanillezucker steif schlagen, unter die Erdbeermasse mischen. Um den ausgekühlten Boden einen Tortenring legen, das Erdbeerpüree gleichmäßig auftragen, kaltstellen.

# ZWERGENSTÜBCHENS KÄSEKUCHEN

Zutaten:

Teig:

250 g Mehl
1 Teelöffel Backpulver
100 g Zucker
1 Päckchen Vanillezucker
1 Ei
1 Esslöffel Crème fraîche
100 g Butter

Belag:

750 g Magerquark
200 g Zucker
1 Päckchen Vanillezucker
5 Eigelb
1 Becher Creme fraiche
30 g Mehl
1 Päckchen Vanille-Puddingpulver
5 Eiweiß

Zubereitung:

Alle Teigzutaten zu einem Mürbteig verarbeiten. Für den Belag Quark, Zucker, Vanillezucker, Eigelb, Crème fraîche, Mehl und Puddingpulver gut verrühren, steif geschlagenes Eiweiß unterziehen.

Den ausgewellten Teig in eine gefettete Springform geben, Quarkmasse einfüllen und im vorgeheizten Backofen bei 200 Grad ca. 60 Minuten backen, danach noch etwa 10 Minuten im ausgeschalteten Backofen stehen lassen.

# NUSSECKEN

Zutaten:

Teig:
225 g Mehl
75 g Speisestärke
1 Teelöffel Backpulver
125 g Zucker
2 Päckchen Vanillezucker
2 Eier
1 Esslöffel Crème fraîche
125 g Butter

Belag:
150 g Marmelade
200 g Butter
200 g Zucker
2 Päckchen Vanillezucker
400 g gemahlene Haselnüsse
6 Esslöffel Wasser
Kuvertüre

Zubereitung:
Aus den Teigzutaten einen Mürbteig herstellen.

Den ausgewellten Teig auf ein gefettetes Backblech legen und mit Marmelade bestreichen. Für den Belag Butter, Zucker, Vanillezucker schmelzen, abwechselnd Haselnüsse und Wasser einrühren, danach die Nussmasse auf dem Boden verteilen. Im vorgeheizten Backofen bei 175 Grad ca. 45 Minuten backen. Leicht abgekühlt den Kuchen in 8 x 8 cm große Vierecke schneiden, diese zu Dreiecken teilen und die Ecken mit Kuvertüre verzieren.

# FEINER APFELKUCHEN

Zutaten:

Teig:
200 g Butter
250 g Zucker
1 Päckchen Vanillezucker
6 Eigelb
300 g Mehl
1 Päckchen Backpulver
6 Eiweiß

Belag:
5 Äpfel
1 Esslöffel Zucker
1 Teelöffel Zimt

Zubereitung:
Butter schaumig schlagen. Abwechselnd Zucker, Vanillezucker, Eigelb dazugeben, zu einer cremigen Masse rühren. Nach und nach das mit Backpulver vermischte Mehl einrühren. Zum Schluss steif geschlagenes Eiweiß unterziehen. Den Teig in eine gefettete mit Semmelbrösel ausgestreute Springform füllen. Die zuvor geschälten, entkernten, geviertelten und auf der oberen Seite dünn eingeschnittenen Äpfel, mit Zucker und Zimt vermischen. Die Apfelstücke auf dem Teig verteilen, etwas eindrücken. Im vorgeheizten Backofen bei 180 Grad ca. 45 Minuten backen. Über den ausgekühlten Kuchen Puderzucker stäuben.

# APFELKUCHEN VOM BLECH

Zutaten:

Teig:
300 g Mehl
½ Würfel Hefe
100 g Zucker
1/8 l lauwarme Milch
80 g Butter
1 Ei

Belag:
1 1/2 kg Äpfel
3 Esslöffel Zucker
1 Teelöffel Zimt
1 Becher süße Sahne
1 Becher Crème fraîche
1 Esslöffel Zucker
1 Päckchen Vanillezucker

Zubereitung:
Die Teigzutaten zu einem Hefeteig verarbeiten. Danach den Teig auf einer bemehlten Arbeitsfläche auswellen, auf ein gefettetes Backblech legen.
Die geschälten, vom Kernhaus befreiten Äpfel grob raspeln, Zucker und Zimt untermischen und auf dem Teig verteilen. Sahne, Crème fraîche, Zucker, Vanillezucker verrühren, über die Äpfel gießen. Im vorgeheizten Backofen bei 175 Grad ca. 45 Minuten backen.

Foto Seite 34

## APFELBROT

Zutaten:

750 g geraspelte Äpfel
200 g Zucker
1 Päckchen Vanillezucker
200 g Rosinen
125 g gemahlene Haselnüsse
1 Teelöffel Zimt
500 g Mehl
1 1/2 Päckchen Backpulver

Zubereitung:

Zucker, Vanillezucker, Rosinen, Haselnüsse, Zimt zu den Äpfeln geben, einige Stunden durchziehen lassen. Das mit Backpulver vermischte Mehl untermengen. Die Masse in zwei gefettete Kastenformen füllen. Im vorgeheizten Backofen bei 200 Grad ca. 50 Minuten backen.

# SCHNECKENNUDEL-KUCHEN

Zutaten:

Teig:

500 g Mehl
1 Würfel Hefe
80 g Zucker
1 Päckchen Vanillezucker
1/4 l lauwarme Milch
80 g Butter

Füllung:

300 g gemahlene Haselnüsse
150 g Zucker
1 Päckchen Vanillezucker
1 Teelöffel Zimt
1 Becher süße Sahne
20 g zerlassene Butter

Zubereitung:

Die Teigzutaten zu einem Hefeteig verarbeiten. Für die Füllung Haselnüsse, Zucker, Vanillezucker, Zimt mit etwas Sahne zu einer streichfähigen Masse verrühren. Den Teig auf einer bemehlten Arbeitsfläche rechteckig auswellen, mit zerlassener Butter bestreichen und die Füllung gleichmäßig darüber verteilen. Den Teig von der Längsseite her aufrollen. Die Teigrolle in ca. 5 cm dicke Scheiben schneiden. Diese dicht nebeneinander in ein gefettetes, rundes Blech setzen, mit restlicher Sahne bestreichen. Im vorgeheizten Backofen bei 200 Grad ca. 30 Minuten backen.

# BUTTERMILCH-WAFFELN

Zutaten:

125 g Butter
50 g Zucker
1 Päckchen Vanillezucker
1 Prise Salz
4 Eier
250 g Mehl
1 Teelöffel Backpulver
$^{1}/_{4}$ l Buttermilch

Zubereitung:

Aus den Zutaten einen Rührteig herstellen. In das vorgeheizte, leicht eingefettete Waffeleisen einen kleinen Schöpflöffel Teig geben, goldgelb backen. Mit einer Gabel die Waffel heraus nehmen, auf einem Kuchengitter auskühlen lassen. Nacheinander die Waffeln backen. Vor dem Servieren Puderzucker darüber stäuben.

# SCHOKO-KIRSCHKUCHEN

Zutaten:

Teig:

150 g Butter
150 g Zucker
1 Päckchen Vanillezucker
3 Eier
200 g Mehl
100 g Speisestärke
1 Päckchen Backpulver
1 Esslöffel Kakao
1 Teelöffel Zimt
4 Esslöffel gemahlene Mandeln
200 ml Milch

100 g Zartbitter-Schokolade
1 Glas Sauerkirschen

Zubereitung:
Alle Teigzutaten zu einem Rührteig verarbeiten, zum Schluss die geraspelte Schokolade unterziehen. 2/3 des Teiges in eine gefettete mit Semmelbrösel ausgestreute Springform füllen, die Hälfte der Kirschen darüber verteilen.

Nacheinander den restlichen Teig sowie die Kirschen darauf geben. Im vorgeheizten Backofen bei 175 Grad ca. 60 Minuten backen. Nach dem Auskühlen Puderzucker über den Schoko-Kirschkuchen stäuben.

# HAWAII-KUCHEN

Zutaten:
150 g Butter
150 g Zucker
1 Päckchen Vanillezucker
2 Eier
200 g Mehl
50 g Speisestärke
1 Päckchen Backpulver
3 Esslöffel Ananassaft
1 kleine Dose Ananas

Zubereitung:
Zerlassene, abgekühlte Butter schaumig schlagen. Unter Rühren abwechselnd Zucker, Vanillezucker und Eier dazugeben. Das mit Speisestärke, Backpulver vermischte Mehl und den Ananassaft einrühren, sowie die Ananaswürfelchen unterheben.

Im vorgeheizten Backofen bei 200 Grad ca. 50 Minuten backen. Nach Belieben mit Puderzuckerglasur, gehobelten Mandeln und Ananasstückchen verzieren.

# SCHNEEFLÖCKCHEN-TORTE

Zutaten:

Teig:
3 Eigelb
3 Esslöffel lauwarmes Wasser
100 g Puderzucker
1 Päckchen Vanillezucker
3 Eiweiß
50 g Mehl
50 g Speisestärke
$^{1}/_{2}$ Teelöffel Backpulver

Belag:
1 Päckchen Vanille-Puddingpulver
500 ml Milch
150 g Puderzucker
250 g Quark
150 g Kokosraspel

Zubereitung:

Alle Teigzutaten zu einem Biskuit verarbeiten, ca. 20 Minuten backen. Aus Puddingpulver, Milch und Zucker einen Pudding kochen, abkühlen lassen. Quark, Kokosraspel unter den Pudding rühren. Die Creme über den Biskuit streichen, Kokosraspel gleichmäßig darauf verteilen, kaltstellen.

# SPIEGELEIER-KUCHEN

Zutaten:

Teig:

200 g Butter
200 g Zucker
1 Päckchen Vanillezucker
4 Eier
200 g Mehl
1 Päckchen Backpulver

Belag:

1 Päckchen Vanille-Puddingpulver
500 ml Milch
3 Esslöffel Zucker
1 Becher Crème fraîche
1 Dose Aprikosen
gehackte Pistazien

Guss:

250 ml Aprikosensaft
50 ml Wasser
1 Päckchen klarer Tortenguss

Zubereitung:

Alle Teigzutaten zu einem Rührteig verarbeiten. Den Teig auf ein mit Back-Trennpapier ausgelegtes Backblech streichen, im vorgeheizten Backofen bei 175 Grad 15 Minuten backen. In der Zwischenzeit einen Pudding nach Packungsanweisung zubereiten, abkühlen lassen, Crème fraîche unterrühren.

Die Masse als „Eiweiß“ fleckenartig auf dem Kuchen verteilen, weitere ca. 10 Minuten bei 175 Grad backen. Nach dem Abkühlen die abgetropften Aprikosenhälften als „Eigelb“ auf die „Eiweiß“ setzen, Pistazien darüber streuen. Mit Aprikosensaft und Wasser einen Tortenguss nach Packungsanweisung herstellen, auf den Kuchen geben.

# SCHOKO-GEWÜRZKUCHEN

Zutaten:

Teig:

200 g Butter
300 g Zucker
1 Päckchen Vanillezucker
5 Eier
250 g Mehl
50 g Speisestärke
1 Päckchen Backpulver
1 Teelöffel Zimt
1 Messerspitze Nelken
1 Messerspitze Muskatnuss
$^{1}/_{8}$ l Milch

200 g geraspelte Schokolade

Zubereitung:

Alle Teigzutaten zu einem Rührteig verarbeiten, zum Schluss die Schokolade unterziehen. Den Teig in eine gefettete mit Semmelbrösel ausgestreute Springform füllen.

Im vorgeheizten Backofen bei 175 Grad ca. 60 Minuten backen. Nach Belieben mit geschmolzener Kuvertüre überziehen oder Puderzucker darüber stäuben.

# APFELTASCHEN

Zutaten:

Teig:

300 g Mehl
1 Päckchen Backpulver
80 g Zucker
1 Päckchen Vanillezucker
250 g Quark
200 g Butter

Füllung:

3 große mürbe Äpfel
3 Esslöffel Rosinen
80 g Zucker
1 Teelöffel Zimt

Zubereitung:

Die Teigzutaten zu einem Mürbteig verarbeiten, kaltstellen. Für die Füllung Apfelwürfelchen, Rosinen, Zucker, Zimt vermischen, gut durchziehen lassen. Den Teig auf einer bemehlten Arbeitsfläche auswellen, in 8 cm große Quadrate schneiden. Auf diese jeweils in die Mitte der unteren Hälfte etwas Füllung geben. Die Ränder mit Milch bestreichen, zusammenklappen und andrücken. Im vorgeheizten Backofen bei 175 Grad ca. 20 Minuten backen. Nach dem Auskühlen Puderzucker darüber stäuben.

## SCHWÄBISCHER TRÄUBLESKUCHEN

Zutaten:

Teig:

300 g Mehl

1/2 Teelöffel Backpulver

100 g Zucker

1 Päckchen Vanillezucker

2 Eigelb

175 g Butter

Belag:

1 Eigelb

3 Esslöffel Semmelbrösel

50 g gemahlene Mandeln

1 Esslöffel Zucker

4 Eiweiß

200 g Zucker

500 g Johannisbeeren

150 g gemahlene Mandeln

Zubereitung:

Aus den Teigzutaten einen Mürbteig herstellen. Den Teig auswellen, in eine gefettete Kuchenform legen, mit verquirltem Eigelb bestreichen. Semmelbrösel, Mandeln, Zucker vermischen, über dem Teig verteilen. Nun das Eiweiß steif schlagen, löffelweise Zucker zufügen, gut mitrühren, Johannisbeeren und Mandeln unterheben. Die Masse auf den Kuchen geben. Im vorgeheizten Backofen bei 175 Grad ca. 60 Minuten backen.

# BANANEN-TORTE

Zutaten:

Teig:

3 Eigelb
3 Esslöffel lauwarmes Wasser
100 g Puderzucker
1 Päckchen Vanillezucker
3 Eiweiß
50 g Mehl
50 g Speisestärke
1/2 Teelöffel Backpulver

Belag:

3 Esslöffel Aprikosen-Marmelade
3 Bananen
2 Becher süße Sahne
1 Päckchen Vanillezucker
2 Päckchen Sahnesteif
100 g Schokolade
Schokostreusel

Zubereitung:

Alle Teigzutaten zu einem Biskuit verarbeiten, ca. 20 Minuten backen. Erwärmte Aprikosen-Marmelade über den Tortenboden streichen, halbierte Bananen darauf verteilen.

Sahne, Vanillezucker, Sahnesteif schlagen, nun die zuvor im Wasserbad geschmolzene, abgekühlte Schokolade unter Rühren langsam zufügen. Schokosahne über die Bananen geben, mit Schokostreusel verzieren, kaltstellen.

## APRIKOSEN-KUCHEN

Zutaten:

Teig:

250 g Mehl
1 Teelöffel Backpulver
125 g Zucker
1 Päckchen Vanillezucker
1 Ei
150 g Butter

Belag:

1 Dose Aprikosen
1 Päckchen Vanille-Puddingpulver

Guss:

3 Eigelb
90 g Zucker
1 Becher Crème fraîche
3 Eiweiß

Zubereitung:

Aus den Teigzutaten einen Mürbteig herstellen. Den Teig auswellen, in eine gefettete Springform legen, abgetropfte Aprikosen darauf verteilen. Aprikosensaft mit Wasser zu einem $^1/_2$ l auffüllen und daraus einen Pudding nach Packungsanweisung kochen, noch heiß über die Früchte streichen. Im vorgeheizten Backofen bei 180 Grad ca. 35 Minuten backen. Für den Guss Eigelb und Zucker schaumig schlagen, Crème fraîche einrühren und das steif geschlagene Eiweiß unterziehen. Die Masse auf dem vorgebackenen Kuchen verteilen, weitere 25 Minuten backen.

# APFEL-MANDEL-KUCHEN

Zutaten:
4 große mürbe Äpfel
100 g Zucker

Teig:
200 g Butter
100 g Zucker
1 Päckchen Vanillezucker
4 Eier
150 g Mehl
50 g Speisestärke
1 Teelöffel Backpulver
1 Teelöffel Zimt
2 Esslöffel Kakao
125 g gemahlene Mandeln
5 Esslöffel Milch

Guss:
200 g Puderzucker
1 Päckchen Vanillezucker
3 Esslöffel lauwarmes Wasser
gehobelte Mandeln

Zubereitung:
Apfelwürfelchen mit Zucker vermischen, ca. 1 Stunde durchziehen lassen. Alle Teigzutaten zu einem Rührteig verarbeiten, zum Schluss die Äpfel unterheben. Den Teig in eine gefettete mit Semmelbrösel ausgestreute Springform füllen. Im vorgeheizten Backofen bei 175 Grad ca. 60 Minuten backen. Für den Guss Puderzucker, Vanillezucker, Wasser verrühren, über den abgekühlten Kuchen geben, Mandeln darauf verteilen.

# MÖHREN-KUCHEN

Zutaten:
5 Eigelb
250 g Zucker
1 Päckchen Vanillezucker
1 Teelöffel Zimt
100 ml lauwarmes Wasser
50 g Speisestärke
$^1/_2$ Päckchen Backpulver
120 g gemahlener Zwieback
250 g geriebene Möhren
5 Eiweiß

Zubereitung:
Eigelb, Zucker, Vanillezucker, Zimt, Wasser schaumig schlagen. Speisestärke, Backpulver, Zwieback, Möhren langsam einrühren. Das steif geschlagene Eiweiß unterheben. Die Masse in eine gefettete mit Semmelbrösel ausgestreute Springform geben und im vorgeheizten Backofen bei 175 Grad ca. 55 Minuten backen. Den Möhren-Kuchen nach Belieben mit geschmolzener Kuvertüre überziehen oder Puderzucker darüber stäuben.

## PIZZA-BRÖTCHEN

**Zutaten:**

200 g Schinken
200 g Salami
200 g Paprika (im Glas)
200 g Pilze (im Glas)
200 g geriebener Käse
200 g süße Sahne
etwas Salz, Paprika,
Pizzagewürz
10 Brötchen

**Zubereitung:**

Schinken, Salami, Paprika und Pilze klein schneiden, Käse, Sahne untermischen, mit den Gewürzen abschmecken. Die Masse auf den halbierten Brötchen gleichmäßig verteilen. Im vorgeheizten Backofen bei 175 Grad ca. 15 Minuten überbacken.

# KÄSE-STANGEN

Zutaten:
400 g Mehl
1 Teelöffel Backpulver
1 Teelöffel Salz
1 Becher Crème fraîche
200 g Butter
150 g geriebener Käse

Zubereitung:
Aus den Teigzutaten einen Mürbteig herstellen, zum Schluss den Käse unterkneten. Den Teig auf einer bemehlten Arbeitsfläche ca. ½ cm dick auswellen, mit einem Backrädchen Streifen schneiden (etwa $1^{1}/_{2}$ cm breit, 8 cm lang) und auf ein mit Back-Trennpapier ausgelegtes Backblech setzen. Im vorgeheizten Backofen bei 200 Grad ca. 20 Minuten backen.

# KÄSE-CHIPS

Zutaten:
125 g Mehl
1 Messerspitze Backpulver
1 Messerspitze Salz
1 Ei
50 g Butter
50 g geriebener Käse
1 Esslöffel saure Sahne

Zubereitung:
Aus den Zutaten einen Mürbteig herstellen. Den Teig in eine Rolle von ca. 5 cm formen, etwa $^1/_2$ Stunde tiefkühlen. Aus der Teigrolle ca. 2 mm dicke Scheiben schneiden, auf ein mit Back-Trennpapier ausgelegtes Backblech setzen. Im vorgeheizten Backofen bei 175 Grad ca. 10 Minuten backen.

# KÄSE-PLÄTZCHEN

Zutaten:

Teig:

250 g Mehl

1 Teelöffel Backpulver

1 Ei

200 g Butter

180 g geriebener Käse

etwas Pfeffer, Muskat, Paprika

1 Eigelb

gehackte Pistazien, Mohn, Kümmel, Sesam

Ausstecherförmchen

Zubereitung:

Aus den Teigzutaten einen Mürbteig herstellen. Den Teig auf einer bemehlten Arbeitsfläche ca. 1/2 cm dick auswellen, Plätzchen ausstechen und auf ein mit Back-Trennpapier ausgelegtes Backblech setzen. Eigelb mit etwas Wasser zerschlagen, über die Plätzchen streichen, beliebig verzieren. Im vorgeheizten Backofen bei 200 Grad ca. 15 Minuten backen.

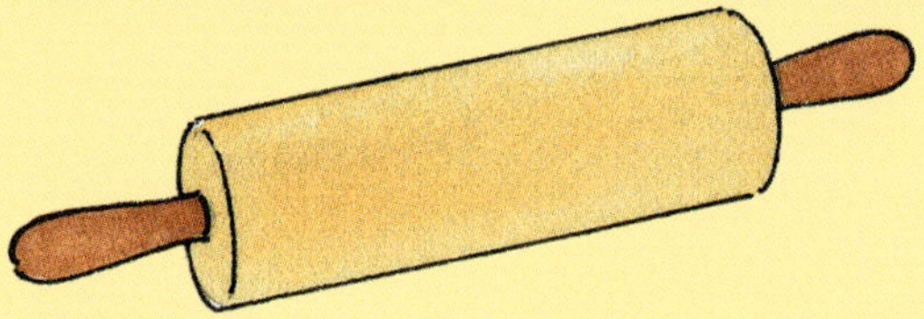

## Hefeteig-Zubereitung

Mehl in eine Schüssel sieben. In die Mitte eine Mulde drücken, Hefe hinein bröckeln, etwas Zucker darüber streuen. Hefe und Zucker mit etwas lauwarmer Milch glatt rühren, mit Mehl bestäuben. Die Schüssel mit einem Geschirrtuch abdecken. Den Vorteig ca. 15 Minuten gehen lassen.

Restliche Milch, weiche Butter, Zucker oder Salz, Eier dazugeben, zu einem glatten Teig kneten, so lange abschlagen bis er Blasen wirft, sich von der Schüssel löst und glänzt. Den Teig mit einem Tuch abdecken und bei Zimmertemperatur etwa 1 Stunde gehen lassen (bis er sich verdoppelt hat). Nochmals durchkneten, entsprechend dem jeweiligen Rezept weiterverarbeiten.

## Biskuitteig-Zubereitung

Eigelb, lauwarmes Wasser, Zucker, Salz zu einer dicken, schaumigen Masse rühren. Das sehr steif geschlagene Eiweiß auf die Eigelbmasse geben. Darüber das mit Backpulver und Speisestärke vermischte Mehl sieben. Alles vorsichtig unter die Eigelbmasse ziehen. Den Teig in eine mit Pergamentpapier ausgelegte Springform füllen. Im vorgeheizten Backofen bei 175 Grad backen. Danach den Biskuit auf ein Kuchengitter legen, gut auskühlen lassen, anschließend das Pergamentpapier entfernen.

Weiterverarbeitet wird der Biskuit wie im Rezept angegeben.

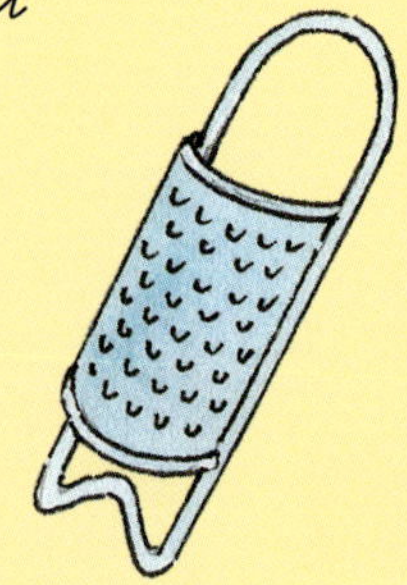

## Rührteig-Zubereitung

Alle Zutaten sollten Zimmertemperatur haben. Die Butter schaumig schlagen, abwechselnd Zucker, Eier dazugeben, zu einer cremigen Masse rühren. Nach und nach das gesiebte mit Backpulver vermischte Mehl zusammen mit der Milch einrühren. Den Teig in eine gefettete Backform füllen und dem jeweiligen Rezept entsprechend im vorgeheizten Backofen backen.

## Mürbteig-Zubereitung

Das Mehl auf eine Arbeitsfläche sieben. In die Mitte eine Vertiefung drücken, Zucker und Ei hineingeben, mit etwas Mehl verrühren. Auf den Mehlrand die kalte, kleingeschnittene Butter legen, alles zu einem glatten Teig kneten. Diesen zugedeckt etwa 1 Stunde bis zur Weiterverarbeitung in den Kühlschrank stellen.

# ZWERGENZAUBERERS-KIRSCHKUCHEN

Zutaten:

125 g Butter
250 g Zucker
1 Päckchen Vanillezucker
4 Eier
125 g Mehl
1/2 Päckchen Backpulver
125 g gemahlene Haselnüsse
1 Teelöffel Zimt
100 g geraspelte Schokolade
1 Glas Kirschen

Zubereitung:

Alle Teigzutaten zu einem Rührteig verarbeiten, zum Schluss die Schokolade unterziehen. Den Teig in eine gefettete mit Semmelbrösel ausgestreute Springform füllen, abgetropfte Kirschen gleichmäßig darüber verteilen. Im vorgeheizten Backofen bei 175 Grad ca. 45 Minuten backen.

INHALT Seite

# Die erfolgreichen

Elke und Timo Schuster
Margret Hoss
**Aufläufe & Co.**
64 S. / gebunden
29,7 x 21 cm
**€ (D) 9,95** € (A) 10,30
ISBN 978-3-7806-2001-9

Elke und Timo Schuster
Johanna Ignjatovic
**Backgeheimnisse**
64 S. / gebunden
29,7 x 21 cm
**€ (D) 9,95** € (A) 10,30
ISBN 978-3-7806-2000-2

Elke und Timo Schuster
E. Zeidler und M. Rohrbeck
**Familienküche**
48 S. / gebunden
29,7 x 21 cm
**€ (D) 9,95** € (A) 10,30
ISBN 978-3-7806-2032-3

Elke und Timo Schuster
E. Zeidler und M. Rohrbeck
**Backbuch**
64 S. / gebunden
29,7 x 21 cm
**€ (D) 9,95** € (A) 10,30
ISBN 978-3-7806-2011-8

Elke und Timo Schuster
E. Zeidler und M. Rohrbeck
**Bäckerei**
48 S. / gebunden
29,7 x 21 cm
**€ (D) 9,95** € (A) 10,30
ISBN 978-3-7806-2022-4

Elke und Timo Schuster
Margret Hoss
**Feine Waffeln - Tolle Muffins**
64 S. / gebunden
29,7 x 21 cm
**€ (D) 9,95** € (A) 10,30
ISBN 978-3-7806-2023-1

Elke und Timo Schuster
Margret Hoss
**Backen für Freunde**
64 S. / gebunden
29,7 x 21 cm
**€ (D) 9,95** € (A) 10,30
ISBN 978-3-7806-2004-0

Elke und Timo Schuster
Margret Hoss
**Geburtstagsbuch**
64 S. / gebunden
29,7 x 21 cm
**€ (D) 9,95** € (A) 10,30
ISBN 978-3-7806-2010-1

# Koch- und Backbücher

Elke und Timo Schuster
Margret Hoss
**Kartoffelkiste**
64 S. / gebunden
29,7 x 21 cm
**€ (D) 9,95** € (A) 10,30
ISBN 978-3-7806-2003-3

Elke und Timo Schuster
E. Zeidler und M. Rohrbeck
**Pfannkuchen & Co.**
64 S. / gebunden
29,7 x 21 cm
**€ (D) 9,95** € (A) 10,30
ISBN 978-3-7806-2007-1

Elke und Timo Schuster
Margret Hoss
**Süße Früchte**
64 S. / gebunden
29,7 x 21 cm
**€ (D) 9,95** € (A) 10,30
ISBN 978-3-7806-2019-4

Elke und Timo Schuster
Margret Hoss
**Kochen für Freunde**
64 S. / gebunden
29,7 x 21 cm
**€ (D) 9,95** € (A) 10,30
ISBN 978-3-7806-2005-7

Elke und Timo Schuster
Margret Hoss
**Reisküche**
64 S. / gebunden
29,7 x 21 cm
**€ (D) 9,95** € (A) 10,30
ISBN 978-3-7806-2009-5

Elke und Timo Schuster
Margret Hoss
**Torten-ABC**
64 S. / gebunden
29,7 x 21 cm
**€ (D) 9,95** € (A) 10,30
ISBN 978-3-7806-2014-9

Elke und Timo Schuster
Margret Hoss
**Nudelzauber**
64 S. / gebunden
29,7 x 21 cm
**€ (D) 9,95** € (A) 10,30
ISBN 978-3-7806-2002-6

Elke und Timo Schuster
Margret Hoss
**Rezepte für Feste**
64 S. / gebunden
29,7 x 21 cm
**€ (D) 9,95** € (A) 10,30
ISBN 978-3-7806-2021-7

| Verantwortlich: | Elke und Timo Schuster |
|---|---|
| Illustration: | Eva Zeidler und Manfred Rohrbeck |
| Fotografie: | Axel Waldecker |

Der Inhalt dieses Buches ist vom Verlag sorgfältig erwogen und geprüft, dennoch kann eine Garantie nicht übernommen werden. Eine Haftung des Verlages für Personen-, Sach- und Vermögensschäden ist ausgeschlossen.

*Bibliografische Information der Deutschen Bibliothek*
Die Deutsche Bibliothek verzeichnet diese Publikation in der Deutschen Nationalbibliografie; detaillierte bibliografische Daten sind im Internet über http://dnb.dnb.de abrufbar.

9. Auflage 2026

info@kaufmann-verlag.de



Druck und Bindung: DZS Grafik
ISBN 978-3-7806-2011-8

www.zwergenstuebchen-schuster.de